15 Postkarten mit Motiven von

Daniela Drescher

Urachhaus

Daniela Drescher
Postkarten »Ich hab dich gern«
ISBN 978-3-8251-5389-2
Verlag Urachhaus 2024 · www.urachhaus.de

Postkarten »Ich hab dich gern«

Daniela Drescher
Postkarten »Ich hab dich gern«
ISBN 978-3-8251-5389-2
Verlag Urachhaus 2024 · www.urachhaus.de

Postkarten »Ich hab dich gern«

Daniela Drescher
Postkarten »Ich hab dich gern«
ISBN 978-3-8251-5389-2
Verlag Urachhaus 2024 · www.urachhaus.de

Postkarten »Ich hab dich gern«

Daniela Drescher
Postkarten »Ich hab dich gern«
ISBN 978-3-8251-5389-2
Verlag Urachhaus 2024 · www.urachhaus.de

Postkarten »Ich hab dich gern«

Daniela Drescher
Postkarten »Ich hab dich gern«
ISBN 978-3-8251-5389-2
Verlag Urachhaus 2024 · www.urachhaus.de

Postkarten »Ich hab dich gern«

Daniela Drescher
Postkarten »Ich hab dich gern«
ISBN 978-3-8251-5389-2
Verlag Urachhaus 2024 · www.urachhaus.de

Postkarten »Ich hab dich gern«

Daniela Drescher
Postkarten »Ich hab dich gern«
ISBN 978-3-8251-5389-2
Verlag Urachhaus 2024 · www.urachhaus.de

Postkarten »Ich hab dich gern«

Daniela Drescher
Postkarten »Ich hab dich gern«
ISBN 978-3-8251-5389-2
Verlag Urachhaus 2024 · www.urachhaus.de

Postkarten »Ich hab dich gern«

Daniela Drescher
Postkarten »Ich hab dich gern«
ISBN 978-3-8251-5389-2
Verlag Urachhaus 2024 · www.urachhaus.de

Postkarten »Ich hab dich gern«

Daniela Drescher
Postkarten »Ich hab dich gern«
ISBN 978-3-8251-5389-2
Verlag Urachhaus 2024 · www.urachhaus.de

Postkarten »Ich hab dich gern«

Daniela Drescher
Postkarten »Ich hab dich gern«
ISBN 978-3-8251-5389-2
Verlag Urachhaus 2024 · www.urachhaus.de

Postkarten »Ich hab dich gern«

Daniela Drescher
Postkarten »Ich hab dich gern«
ISBN 978-3-8251-5389-2
Verlag Urachhaus 2024 · www.urachhaus.de

Postkarten »Ich hab dich gern«

Daniela Drescher
Postkarten »Ich hab dich gern«
ISBN 978-3-8251-5389-2
Verlag Urachhaus 2024 · www.urachhaus.de

Postkarten »Ich hab dich gern«

Daniela Drescher
Postkarten »Ich hab dich gern«
ISBN 978-3-8251-5389-2
Verlag Urachhaus 2024 · www.urachhaus.de

Postkarten »Ich hab dich gern«

Daniela Drescher
Postkarten »Ich hab dich gern«
ISBN 978-3-8251-5389-2
Verlag Urachhaus 2024 · www.urachhaus.de

Postkarten »Ich hab dich gern«